Pe. Ferdinando Mancilio, C.Ss.R.

A ESPIRITUALIDADE DOS MISSIONÁRIOS DA PARTILHA

Reflexões sobre a Espiritualidade do Dízimo

EDITORA SANTUÁRIO

Dados Internacionais de Catalogação na Publicação (CIP) de acordo com ISBD

M269e Mancílio, Ferdinando

A espiritualidade dos missionários da partilha: reflexões sobre a espiritualidade do dízimo / Ferdinando Mancílio. - Aparecida : Editora Santuário, 2023.
64 p. ; 14cm x 21cm.

Inclui índice e bibliografia.
ISBN: 978-65-5527-333-5

1. Religião. 2. Cristianismo. 3. Igreja. 4. Dízimo. 5. Espiritualidade. I. Título.

2023-1368 CDD 240
CDU 24

Elaborado por Odilio Hilario Moreira Junior - CRB-8/9949

Índice para catálogo sistemático:
1. Religião : Cristianismo 240
2. Religião : Cristianismo 24

1ª impressão

Rua Pe. Claro Monteiro, 342 – 12570-045 – Aparecida-SP
Tel.: 12 3104-2000 – Televendas: 0800 - 0 16 00 04
www.editorasantuario.com.br
vendas@editorasantuario.com.br

Sumário

Introdução

Missionários da Partilha:
Serviço a favor da vida plena!

Para você e sua missão...

Com o desejo sincero de ajudar os **"Missionários da Partilha"**, ou seja, aqueles que estão diretamente atuando na Pastoral do Dízimo, e aqueles que se unem nessa causa com sua contribuição na Comunidade –agentes e participantes do Dízimo –, trazemos uma singela reflexão sobre a ESPIRITUALIDADE do "Missionário da Partilha".

É uma pequena reflexão colhida na experiência da vida e também no que os textos bíblicos, principalmente os do Novo Testamento, fazem-nos refletir sobre tão nobre causa. Além do que se propõe neste texto, o "Missionários da Partilha" tem sua história, seu empenho e também guarda consigo tantos elementos edificantes e importantes. Só é preciso cultivá-los com intensidade. O que esperamos é que essa reflexão ajude você a caminhar um pouco mais, e talvez, com um pouco mais de luz nesse belo, importante e indispensável trabalho para a Comunidade.

Deus o abençoe! Saiba que não é à toa que você faz esse trabalho missionário em sua Comunidade. Foi Deus que escolheu você. Sinta-se, pois, amado(a) por Ele.

Em tudo o Senhor seja bendito, pois tudo nos vem de suas mãos, de seu coração divino. Amém.

1
ESPIRITUALIDADE

Não é simples, mas também não é impossível conversar sobre a **Espiritualidade cristã**. Mesmo que não possamos defini-la com precisão, por causa de sua dimensão sem limites, de sua abrangência significativa em cada aspecto ou dimensão da vida cristã, poderemos olhar, a partir da DIMENSÃO da PARTILHA, o quão importante é compreender e viver a presença do Senhor na ação missionária. Por isso falar da Espiritualidade cristã para os **"Missionários da Partilha"** (Agentes do Dízimo) é reconhecer bem de perto a ação de Deus em nós e o quanto fazemos por causa do reconhecimento de sua presença amorosa junto de seu povo.

Antes de mais nada, é importante recordar que **"Missionários da Partilha"** é o selo dado a todo Agente missionário na Comunidade, especificamente a quem cuida do Dízimo na Comunidade, ou Paróquia, ou mesmo Diocese. Consagrar os Agentes da Pastoral do Dízimo como **"Missionários da Partilha"** é dar um salto qualitativo muito importante, pois vem romper certa compreensão errada do Dízimo, até mesmo impregnada, de que Dízimo se trata de angariar dinheiro. Dízimo é dimensão participativa e partilha dentro de uma Comunidade, tem tudo a ver com a evangelização e não com o "arrecadar dinheiro". Embora este se faça necessário dentro de uma Comunidade e sejamos responsáveis por ele, seu valor é relativo. O essencial, o fundamental, o insubstituível é o que aprendemos das primeiras Comunidades cristãs: "Eles perseveravam na doutrina dos apóstolos, na vida em Comunidade, na fração do pão... tinham tudo em comum... distribuíam o dinheiro entre todos, conforme cada um precisava..." (At 2,42-47). Portanto dizer **"Missionários da Partilha"** está muito mais arraigado na fé cristã e nos dá a profundidade do trabalho realizado pelos Agentes do Dízimo (Aqui dizemos "Agentes do Dízimo", para favorecer a compreensão, mas deve ser compreendido como **"Missionários da Partilha"**).

Comecemos, pois, a MEDITAR sobre a **Espiritualidade**, como força divina que provoca em nós a alegria de evangelizar, de trabalhar a favor do Reino. Nunca vi alguém infeliz porque trabalha intensamente a favor do Reino em sua Comunidade; muito pelo contrário!

Toda ESPIRITUALIDADE vem do Espírito Divino, Espírito de Amor, Terceira Pessoa da Santíssima Trindade.

Ele faz nascer os DONS e ILUMINA nossa vida com sua luz divina, nossas preocupações e nossos afazeres, nossa missionariedade, desde que tenhamos amor plantado em nosso coração, correndo em nossas veias...

O Espírito Santo é o AMOR vivo, presente na Santíssima Trindade, que gera a eterna comunhão entre as Três Pessoas santíssimas.

É esse mesmo amor que está presente na Igreja de Cristo, portanto presente em cada um de nós. Ele move nossa VIDA e nossos RELACIONAMENTOS na família, na Comunidade, no trabalho missionário, em todo o bem praticado.

Esse AMOR nos DEIXA INQUIETOS! Deus nos deixa inquietos. Seu AMOR é provocante, pois nos faz buscá-lo sem cessar. Encontrá-lo é dádiva divina, e então aprendemos a relativizar as coisas. Quando o AMOR se torna ABSOLUTO, aprendemos a relativizar muitas coisas e percebemos o quanto damos importância "para o muito pouco valoroso". O Amor verdadeiro nos dá a plena liberdade e o sentido pleno da vida.

Espiritualidade cristã: viver confiante e humilde e deixar-se guiar pelo Espírito de Cristo. A Espiritualidade ilumina o serviço missionário a favor do Reino.

O espelho da ESPIRITUALIDADE CRISTÃ, portanto, para os **"Missionários da Partilha"**, é a Pessoa de Jesus. Ele é o motivo e o motivador de nossa ação missionária. O Evangelho nos dá o "RETRATO" exato de Cristo, e assim não há como não se inspirar em seu modo de SER e de VIVER.

Deve ser uma Espiritualidade Trinitária e que nos conduza sem cessar ao encontro de Cristo. O encontro com Cristo faz nascer em nós um fundamento sólido. Fazer a experiência do Amor-Trinitário é fazer a experiência da comunhão fraterna, da alegria de estar em união com o outro e no trabalho missionário. O **"Missionário da Partilha"** não pode sentir senão a alegria de partilhar, e isso é a comunhão que o Cristo espera de nós. Na verdade, na vida batismal, fazemos a nobre experiência de toda a Espiritualidade, pois com certeza os gestos e as palavras, atitudes e decisões estão de acordo com os valores do Evangelho.

Quem é que nos ATRAI? É o próprio Cristo. Ele sai a nosso encontro. É assim no Evangelho inteiro: Cristo está sempre indo ao encontro das pessoas, da multidão, das necessidades que precisam de uma mão que salve, liberte e dá a vida. A "Pastoral do Dízimo", realizada pelos **"Missionários da Partilha"**, tem exatamente esse modo de ser e de agir: vai ao encontro das pessoas e não fica esperando-as virem a seu encontro!

Somos atraídos por Cristo, pois Ele mesmo vem a nosso encontro. Deus saiu de si mesmo para encontrar-se com a humanidade inteira por meio de Cristo, seu Filho.

Deus vem a nosso encontro, mostra-nos o belo trecho de Gálatas 4,4-5: "Quando chegou a plenitude dos tempos, Deus enviou seu próprio Filho, nascido de uma mulher, nascido sob o domínio da lei, para nos libertar do domínio da lei e fazer com que recebêssemos a condição de filhos adotivos de Deus. E porque já somos filhos, Deus enviou o Espírito de seu Filho a nossos corações, e o Espírito clama! Abbá! Pai!"

Bela e insubstituível palavra de Gálatas, tão carregada de poesia e de eternidade; com profunda simplicidade a tocar o coração, vem nos dizer que quem amar poderá pronunciar no Espírito do Ressuscitado: Abbá: Pai!

Espiritualidade é a constante descoberta da presença de Deus em nossa vida e na ação missionária. São felizes os que alimentam o jeito de Deus em sua vida. Temos tantas estruturas, tantas exigências para nos comportar aqui ou ali, mas não criamos, muitas vezes, a estrutura interior que derruba barreiras e faz reerguer as pessoas e a nós mesmos. Se não houver o cultivo do Deus interior, será difícil uma transformação significativa em nossa pessoa; consequentemente não se irá contagiar, motivar a outros. Certamente o evangelizador é e deve ser sempre um grande motivador para os outros. Se o apóstolo não anima, como poderá ser animada uma Comunidade?

Na plenitude dos tempos, na hora certa, na hora de Deus, a promessa de outrora tornou-se agora plena realização. É a vinda de Cristo nossa salvação. Ele veio cumprir todas as promessas do Pai.

Jesus é o Homem como nós e Deus conosco. É Pessoa divina e tem a natureza humana. É Deus conosco morto e ressuscitado. Ele é o Caminho, a Verdade e a Vida – Jo 14,6. Vai atrás da ovelha desgarrada, da humanidade doente e extraviada, vai ao encontro do doente, do pecador, do triste, do abandonado... Vai atrás de quem está longe, está à margem.

Tudo o que é conseguido pelos **"Missionários da Partilha"**, no sentido de integrar as pessoas na Comunidade, de despertá-las no bem e na união fraterna, na compreensão do que é ser Igreja de Jesus, estará de acordo com o jeito e o Evangelho de Jesus. Ele veio nos lembrar que "até um copo d'água dado com amor terá sua recompensa". Então não há dúvida de que a ação missionária e comprometedora do **"Missionário da Partilha"** é ação do Reino, a favor do Reino e da santificação. O Senhor, que se humilhou, fez-se escravo, esvaziou-se radicalmente (Kenosis), Fl 2,8, mesmo sendo Deus, é sinal certo de que na estrada dele caminhamos também para a plenitude da vida, para a plena liberdade.

Não se compara a nenhuma grandeza ser chamado de discípulos, o que equivale a **"Missionários da Partilha"**, pois isso é reconhecer a presença do Senhor e dispor-se a segui-lo com toda a liberdade e fidelidade. Os Doze primeiros discípulos viveram essa radicalidade junto do Senhor e se mantiveram fiéis até o fim. Ficaram fascinados por tão grande dádiva e missão, por tão grandes desafios e ousadia que precisavam ter. Tinham assombros? Inseguranças? Claro, como nós temos, como os têm os **"Missionários da Partilha"**. Certamente a extrema confiança em si mesmo não dá chance ou oportunidade para a graça. Contar consigo mesmo e achar-se tão plenamente capaz de si mesmo é perigoso e inconveniente. Nada produzimos sem Deus, porque sem Ele nada somos! Precisamos confiar sim em nosso esforço, empenho, nossa dedicação, mas o Senhor deve estar presente junto de nós. Sem Ele perdemos tempo e nada realizamos com profundidade.

> Ficar fascinados pela verdade de Cristo, deixar-se tocar profundamente por sua verdade. Os Apóstolos são modelos para nossa ação missionária hoje, para os "Missionários da Partilha". A Espiritualidade bem vivida nos faz ser missionários fascinados por Cristo, pelo Reino.

O seguimento dos discípulos de ontem fortalece nossa força missionária hoje e nos anima na causa, na amorosidade do Reino. "Que procuram?" – Jo 1,38 –, diz Jesus a André e João. E eles "foram e viram" – Jo 1,39. Ficaram ali a tarde toda! Reconheceram a presença do Cristo e procuraram conhecê-lo.

Ficar com o Cristo, estar com Ele, "gastar" o tempo com Ele é fundamental para a ação missionária em qualquer dimensão da Comunidade, por isso também como **"Missionários da Partilha"**.

Certamente hoje temos de perguntar a nós mesmos e a nossas Comunidades: "Senhor, onde estás, onde vives?" Assim vamos abrir um processo de conversão interior e comunitário, para renovar a nós mesmos, e compreender os sinais dos tempos, os sinais do Senhor no meio de nossa história humana. Onde será que o Cristo deseja que sejamos missionários, que partilhemos a vida e testemunhemos a verdade que abraçamos e em que apostamos?

O compromisso evangelizador está ao alcance de nossas mãos. Ser **"Missionários da Partilha"** demonstra disposição interior para o AMOR e para o SERVIÇO de amor.

A Palavra de Deus, fundamentalmente o Evangelho, é a FONTE que nos abastece na missão. Sem buscar aí nossa inspiração, motivação e nosso alicerce para nossa ação, certamente será frágil nossa ação e seu tempo exíguo. Recordamos também que não se é PROFETA solo, sozinho, pois partimos de uma Comunidade, somos por ela enviados em missão. A Comunidade nos fundamenta na fé e nos lança para a missão de ajudar o outro a descobrir o Senhor tão vivo e presente nele e junto dele. Esse tesouro precioso e incalculável da Palavra de Deus, o Evangelho de Cristo, é a base da ação missionária, da atuação dos **"Missionários da Partilha"**. Assim favorecemos o resgate dos que estão longe ou se distanciaram por seus motivos, mas que podem retornar, pois o sentimento de uma IGREJA que ACOLHE tem de estar presente em nós sempre.

> O compromisso evangelizador está ao alcance de nossas mãos. Ser "Missionários da Partilha" demonstra disposição interior para o AMOR e para o SERVIÇO de amor. A Palavra de Deus, fundamentalmente o Evangelho, é a FONTE que nos abastece na missão.

Nosso tempo exige decisão e firmeza, compreensão e constância. Diante do hedonismo, da busca do prazer, da recusa de valores éticos, diante de uma sociedade que endeusa o fazer, o produzir, o ganhar, o lucrar, a realidade do Reino, que nos propõe RELAÇÕES de GRATUIDADE, parece atrair pouco. Ledo engano! A busca do lucro e do enriquecimento cansam, a GRATUIDADE do Amor, ao contrário, satisfaz-nos plenamente e não nos cansa nem nos desanima. Por isso diz São João da Cruz: "O amor não cansa nem se cansa". É luz contínua a nos iluminar.

Se acusamos que o mundo está muito materialista, não será porque nós mesmos vivemos muito pouco a mística da caridade, a espiritualidade do kenosis como Jesus – kenosis = despojamento? Se há um vazio de valores, talvez seja porque nós cristãos não vivemos com radicalidade a verdade de Cristo e tendemos um pouco mais para o que nos agrada, dá-nos prazer, que nos exige pouco... A erva daninha cresce livremente, se ninguém lhe diz que é "daninha", que provoca o mal.

Eis outra vez a grande missão dos **"Missionários da Partilha"**: lembrar as pessoas e a Comunidade de que a grandeza está na partilha, na presença fraterna, na comunhão de irmãos. Tudo o que estiver além disso, não nos trará o bem devidamente. Pode custar e exigir andar por esse caminho, porém, somente por meio dele, podem-se encontrar a vida e a paz.

Quem vive uma Espiritualidade autêntica jamais deixa de ser solidário, fraterno e está sempre disponível para o serviço na Comunidade.

> Caminhar decididamente na causa do Reino. A ação missionária alcança a vida e o coração das pessoas. Por isso, quando agimos para ser sinais do amor de Deus, somos sinais visíveis do Reino. Assim, são grandes a alegria e a responsabilidade dos "Missionários da Partilha" na Comunidade, na Paróquia, na Diocese.

2
RETRATOS DO EVANGELHO

Jeito de ser do
"Missionário da Partilha"

A Espiritualidade autêntica nos enraíza na AÇÃO MISSIONÁRIA, que está em Cristo, CENTRO de nossa fé, de nossa ação missionária, de nosso modo de ser, agir e reagir. Junto dele, aprendemos também dos Apóstolos que, com a Palavra, com a vida e o testemunho, nos deixaram a herança da fé.

Quando chamamos "Retratos do Evangelho", o desejo é olharmos as circunstâncias do Evangelho, as atitudes, os gestos e as palavras de Jesus com pessoas e realidades diferentes. Esta expressão "Retratos do Evangelho" foi inspirada em Frei Carlos Mesters, fecundo missionário do Senhor em terras brasileiras, que, com uma linguagem fácil, ensina para o povo de Deus os textos complexos da Bíblia.

O que desejamos é que os **"Missionários da Partilha"** jamais deixem de se aproximar do Evangelho, bebendo continuamente da fonte de nossa salvação. Nele está todo motivo e tudo o que precisamos para viver a fé e para agir na missionariedade dentro da Comunidade, paróquia ou diocese. É com o Evangelho na mão e o olhar no irmão que faremos florescer uma nova e contagiante alegria, tocante, pois o Evangelho é pura alegria: "Ele está no meio de nós!"

Comecemos, pois, a folhear nosso álbum sempre inspirador e com fotografias sempre novas e contagiantes: o Evangelho de Cristo.

“Retratos de Jesus”: todos precisamos de luz para nos guiar bem pela vida afora. A Bíblia é a luz indispensável para que nós saibamos nos comunicar com Deus e com os irmãos. Ela nos mostra o Deus-amor, o Deus-comunhão, Deus-presença sem cessar entre nós.

Esse Livro ou essa Biblioteca, feita em mutirão, é o melhor instrumento ao alcance de nossas mãos e a fonte de incansável consulta dos **“Missionários da Partilha”**.

Quando chegou a plenitude dos tempos, o Pai se comunicou plenamente conosco por meio de seu Filho Jesus. Escolheu o que lhe era mais precioso, o que saiu de suas entranhas, para oferecer à humanidade inteira a plena salvação. Será que poderá haver comunicação maior do que essa? A comunicação plena do Pai conosco é uma pessoa: seu Filho Jesus.

É tão grande a força e a virtude da Palavra de Deus que ela sustenta e dá vigor à Igreja, “confirma a fé de seus filhos, alimenta a alma, jorra como fonte pura e perene da vida espiritual” (Dei Verbum, n. 21).

O **“Missionário da Partilha”**, ciente de sua missão, também vai comunicar-se com as pessoas da Comunidade, anunciando a verdade de Cristo por meio da Pastoral do Dízimo. Mas, antes de tudo, o **“Missionário da Partilha”** é a **página do Evangelho** que cada pessoa poderá ler, vendo suas atitudes, seu exemplo, sua palavra, seu jeito, seu modo. Por isso nossas ATITUDES podem APROXIMAR ou “ESPANTAR” as pessoas que se aproximam de nós ou que delas nos aproximamos. Observando o jeito de Jesus no Evangelho, não há como errarmos em nossas atitudes. Ele sempre se pôs ao lado das pessoas, conforme sua realidade. Então, eis o exemplo que podemos **seguir** e a forma como podemos nos **unir** às pessoas na Comunidade.

Quando olhamos o Evangelho, vemos exatamente o jeito de Jesus agir e reagir diante das pessoas, dos fatos e acontecimentos a sua volta. Dele aprendemos principalmente a FIDELIDADE à missão e a OBEDIÊNCIA à vontade do Pai. A reação, o jeito, as atitudes do **"Missionário da Partilha"** não podem ser diferentes, pois está ali diante das pessoas, que receberão a Pessoa de Cristo e se deixarão comover e envolver-se pela verdade divina. Por isso todo cuidado com essa missão implica a mesma fidelidade e obediência de Jesus ao Pai. Em uma palavra: as pessoas acolherão nossa proposta ou não, dependendo de nosso jeito comportamental diante delas. A humildade e a simplicidade continuam a "mover montanhas", a convencer as pessoas.

Jesus é a **Palavra viva do Pai – Encarnada – Aliança eterna de amor** e será em todos os tempos o modelo que devemos seguir na ação missionária. Não busquemos outros modelos, pois o centro de toda a Palavra é o Cristo, o Verbo eterno do Pai encarnado entre nós.

1. O JEITO de Jesus e nosso JEITO

Vamos pensar **NO JEITO e DO JEITO** de Jesus, que viveu entre nós aproximandamente 33 anos. Embora tenha sido pouco, foi tempo suficiente para dar o TUDO e o TODO para a humanidade. Sua verdade não muda com a mudança do mundo, das pessoas, da sociedade, pois continua a responder às perguntas humanas. Para compreender bem seu jeito, temos de olhar profundamente para as páginas benditas dos Evangelhos de: Mateus, Marcos, Lucas e João. Cada evangelista veio nos mostrar quão belo é Jesus, sua ação, sua Palavra, suas atitudes... Todos nos enriquecem e nos deixam bem claro o JEITO de Cristo, que deve ser NOSSO JEITO de ser cristão, de ser **"Missionários da Partilha"**.

Como falar de Jesus em nossos dias? Sabemos das exigências de nosso tempo e de uma sociedade voltada intensamente para o materialismo, por isso é preciso saber como dizer que Cristo nos trouxe a Boa-Nova. Olhando bem de perto o Evangelho, ele mesmo vai nos indicando o modo certo de ser e de agir. Nosso olhar de agentes missionários deve ser sempre pela **janela** do Evangelho.

O **"Missionário da Partilha"** vai ao encontro da realidade de seu lugar, de sua Comunidade, com seu interior fundamentado na verdade de Cristo. Sendo assim, nada há o que temer, mesmo que o ambiente seja mais hostil ao que é proposto pela fé. Jesus, por exemplo, nasceu e cresceu na Palestina, dentro de uma realidade histórica, mas a seu tempo soube responder com sua Palavra e abrir os céus, para que a terra compreendesse o tamanho de seu amor. Nada diferente com os **"Missionários da Partilha"**, pois são sinais do mesmo Reino proclamado por Cristo. Mudam ambiente, lugar, momento histórico..., mas a verdade de Cristo é a mesma e responde à realidade do tempo de agora. No Evangelho, encontra-se o retrato de Jesus, fonte de inspiração para o agir missionário hoje.

Lucas, o evangelista, diz-nos que "Jesus ia crescendo e se fortificava, enchendo-se de sabedoria. E a graça de Deus estava sobre ele" (Lc 2,40). Viveu em Nazaré, dentro de uma família e de uma realidade. Nós também temos nossa história dentro de um espaço e de um tempo. A BÍBLIA era a fonte em que Jesus aprendia sua missão e se preparava também para anunciar com firmeza o Reino. A passagem de Jesus no Templo, conversando com os doutores da Lei, mostra-nos como Ele ia crescendo na compreensão de sua missão (Lc 2,41-52).

Hoje qualquer um de nós pode ter uma bíblia nas mãos, mas naquele tempo não era assim. Para encontrar um texto bíblico, era preciso ir à sinagoga, pois somente lá havia uma Bíblia para todos. Assim, os textos lidos ou proclamados eram ruminados o dia inteiro. Tinham diante dos olhos os textos bíblicos que foram ouvidos ou lidos. A sinagoga era, portanto, o lugar do encontro com a Palavra de Deus.

Belo foi o dia em que Jesus foi convidado para ler a Palavra na sinagoga, e Ele escolheu exatamente o trecho de Isaías que falava precisamente da vinda e da missão do Messias. Aí temos clareza de que Ele conhecia muito bem os textos sagrados, por isso soube escolher o que seria proclamado (Lc 4,18ss). Com certeza Jesus aprendeu muito em sua casa, junto de Nossa Senhora, dos anciãos e doutores da Lei (2Tm 1,5; 3,15).

Jesus foi se formando dia após dia, até o dia em que saiu a proclamar a Boa-Nova do Reino com toda a força de seu amor ao Pai e à salvação, que Ele veio nos trazer.

O **"Missionário da Partilha"** só poderá exercer bem seu serviço pastoral-evangelizador se abastecer continuamente seu coração com a verdade de Cristo. É dele que aprendemos como viver e é nele que aprendemos a ser autênticos e fiéis ao Evangelho e à missão.

Jesus foi aceito por muitos, mas muitos também o rejeitaram, principalmente as autoridades religiosas e civis de seu tempo. Nazaré estava na região norte da Galileia *(Galileia = Distrito dos Pagãos)*. Ali havia cidades pagãs, que movimentavam a vida pelo norte da Galileia. O comércio tinha muita força, como em Damasco, Tiro, Sidônia, Cesareia e outros lugares ainda.

Jesus estava em contato com esse povo pagão, conversava com ele e, certamente, ia aprendendo seu jeito. As parábolas foram sua percepção para falar a um povo que vivia aquela realidade e saberia compreender seu ensinamento, olhando principalmente os fatos da vida cotidiana e da natureza.

Essa percepção o **"Missionário da Partilha"** precisa adquirir, pois é assim que vai ajudando as pessoas a compreenderem o sentido do Dízimo e passando a somar forças com a Comunidade-Paróquia. A partir da realidade, fica mais fácil convencer o outro. Por isso é preciso estar atento aos fatos que cercam a vida da Comunidade ou da Paróquia.

Se o contato de Jesus com as pessoas, com a cultura, com o jeito de compreender a vida, até mesmo dos pagãos, como em Tiro e Sidônia (Mc 7,24-29; 7,31), Cesareia de Filipe (Mc 8,27) e outros lugares, ajudou-o a saber como anunciar aí o Reino, também os **"Missionários da Partilha"** devem estar atentos à realidade que os cerca e anunciar o compromisso evangelizador que o Dízimo nos traz.

Nesse mesmo sentido, é preciso reconhecer o quanto as pessoas são importantes em nossa Comunidade e o quanto elas podem "somar" no compromisso evangelizador. Jesus reconhecia a FÉ e o VALOR daquelas que o procuravam ou se encontravam com Ele, como o soldado romano (Mt 8,10), a mulher cananeia (Mt 15,21-28), a samaritana (Jo 4,7-42), a mulher apanhada em adultério (Jo 8,1-11), o cego de nascença (Lc 19,1-10).

O Evangelho é fonte inesgotável de aprendizado do Reino e de Jesus, Ele que é o próprio Reino entre nós!

Se os fariseus e os famosos escribas ensinavam a Bíblia conforme seu jeito de pensar sobre Deus, sobre a Lei, sobre a promessa divina, Jesus tinha OUTRO SENTIMENTO, pois sabia que Deus é Pai e, desse modo, vivia e se relacionava com Ele. Era grande a intimidade de Jesus com o Pai; Ele nada fazia sem antes falar com o Pai, por meio da oração.

Assim devemos ser também como **agentes missionários** dentro da Comunidade cristã.

VAMOS, pois, **APRENDER** de Jesus, olhando o **JEITO DELE** e procuremos ter **O JEITO** semelhante ao dele. Abrindo o "**LIVRO DA VIDA**", podemos compreender suas atitudes e aprender a ser semelhantes a Ele.

a) "Eu te louvo, Pai, Senhor do céu e da terra, porque escondeste essas coisas aos sábios e inteligentes, e as revelaste aos pequeninos. Sim, Pai, porque assim foi do teu agrado" (Lc 10,21).

ALEGRIA: sempre que o Reino era acolhido, uma alegria sem-fim transbordava do coração de Cristo.

> **"Missionários da Partilha":** manifestar sempre a alegria, o acolhimento da fé junto das pessoas!

b) "Não existe amor maior do que dar a vida pelos amigos. Vocês são meus amigos, se fizerem o que eu estou mandando... eu chamo vocês de amigos... Não foram vocês que me escolheram, mas fui eu que escolhi vocês... amem-se uns aos outros" (Jo 15,13-17).

AMIZADE: Jesus manifesta sua amizade aos discípulos e os chama para estar vinculados a sua Pessoa, e não a uma teoria ou filosofia.

> **"Missionários da Partilha":** procurar tratar bem as pessoas, sempre com relações sinceras e fraternas de amizade!

c) "Jesus disse ao homem da mão seca: 'Levante-se e fique no meio'. Jesus então olhou a seu redor, cheio de ira e tristeza, porque eles eram duros de coração. Depois disse ao homem: 'Estenda a mão'. ... Logo depois, os fariseus saíram da sinagoga e, junto com alguns do partido de Herodes, faziam um plano para matar Jesus" (Mc 3,3-6).

IMPULSO INTERIOR: Jesus tinha momentos determinantes, quando encontrava frieza – dureza do coração – no acolhimento da verdade do Reino, principalmente com quem se dizia entendido da Sagrada Escritura.

"Missionários da Partilha": sempre olhar para dentro de si mesmo e ver o que é que motiva você nessa missão!

d) "Jesus, mestre, tem compaixão de nós!" Ao perceber que estava curado, um deles voltou atrás dando glória a Deus ... e lhe agradeceu. "Não foram dez os curados? E os outros nove, onde estão? " Sua fé o salvou." (Lc 17,14-19).

INGRATIDÃO: a gratidão é uma atitude sempre comovente entre nós. Jesus também sentiu a ingratidão, pois, dos dez leprosos curados, apenas um voltou para lhe agradecer. Agradecer às pessoas, criar relacionamento de gratidão, de acolhimento...

"Missionários da Partilha": manifestar sempre gratidão às pessoas e à Comunidade. Gratidão é reconhecer o outro.

e) "Eu pedi a teus discípulos expulsarem o espírito, mas eles não conseguiram... 'Ó gente sem fé! Até quando deverei ficar com vocês? Até quando terei de suportá-los?...'" (Lc 9,17-19).

IMPACIENTE (às vezes): humanamente Jesus teve reações muito iguais às nossas, por isso diz: "Ó gente sem fé". Nós podemos ter reações de certa impaciência, pois nosso humano tem reações até imprevisíveis.

> **"Missionários da Partilha":** treinar o espírito para que saibamos discernir bem as situações adversas que podemos encontrar!

f) "Voltando para junto dos discípulos, Jesus encontrou-os dormindo... Vocês não puderam vigiar nem sequer uma hora comigo?" (Mt 26,40).

DECEPÇÃO: os discípulos nem sempre conseguiam estar completamente com o Mestre, como nesse momento, em que não conseguiam rezar com Jesus. A oração nos sustenta na missão, sem ela é impossível perseverar ou ter atitudes bem convenientes.

> **"Missionários da Partilha":** reservar sempre e em cada dia um momento de oração pessoal, de intimidade com Deus!

g) "Tenho compaixão dessa multidão, porque já faz três dias que está comigo e não tem nada para comer. Se eu os mandar para casa sem comer, vão desmaiar pelo caminho, porque muitos deles vieram de longe" (Mc 8,1-3).

COMPAIXÃO: a compaixão está profundamente enraizada na alma de Cristo. Não admitia nenhum sofrimento causado pela falta da partilha, da distribuição do bem comum. Por isso a fome daquela multidão o tocou profundamente em sua alma. E o que fez? Multiplicou o pão...

> **"Missionários da Partilha":** ter compaixão no coração sempre, jamais deixar de ter, treinar para tê-lo sempre!

h) "Jesus viu que Maria e os judeus que iam com ela estavam chorando. "Onde vocês colocaram Lázaro?" Disseram: "Senhor, vem e vê". Jesus começou a chorar. Então os judeus disseram: "Vejam como ele o amava!" (Jo 11,33-36).

AMIGO: Jesus era amigo das pessoas, da família de Lázaro e de tantas outras pessoas. Por isso chorou a morte de Lázaro. Dirigiu-se aos discípulos como o amigo sempre presente, pronto para acolher e também para advertir quando necessário, para o crescimento e amadurecimento na fé e na ação apostólica.

> **"Missionários da Partilha":** além da Pastoral, manter relações de amizade com as pessoas, viver com elas outros momentos da vida!

i) "Minha alma está em uma tristeza mortal. Fiquem aqui e vigiem comigo" (Mt 26,36-38). "Apareceu-lhe um anjo do céu, que o confortava. Tomado de angústia, Jesus rezava com mais insistência. Seu suor se tornou como gotas de sangue, que caíam no chão" (Lc 22,43-44).

TRISTEZA: certamente temos, durante nossa vida, algum momento de tristeza. Jesus também o sentiu, principalmente na hora decisiva de sua morte. Mas isso não era falta de confiança no Pai. Ao contrário, tudo esperava nele, por isso falava ao Pai aquilo que estava em seu coração. Nós somos assim também e não podemos jamais perder a esperança e a confiança em Deus.

> **"Missionários da Partilha":** podemos ter momentos difíceis, mas jamais perder a esperança. Isso temos de passar para as pessoas a nosso redor.

j) "Esta mulher foi apanhada em flagrante adultério... Moisés mandou apedrejar as adúlteras. Que dizes?... Quem é sem pecado seja o primeiro a atirar-lhe uma pedra" (Jo 8,1-10).

MISERICÓRDIA: Jesus não tem nenhuma reserva com a misericórdia divina. Ele a distribui a todos os que o procuram com sinceridade de coração ou que são humilhados, como essa mulher apanhada em pecado. Jesus olha o coração, a vontade sincera e por isso lhe diz para ir em paz e não voltar a pecar. Ele olha primeiro a pessoa, e não suas atitudes.

> **"Missionários da Partilha":** olhar as pessoas com misericórdia e não avaliar seus defeitos, suas limitações!

k) Na hora da morte, SOFREU o ABANDONO de Deus: "Eli, Eli, lamá sabactâni?", isto é: "Meu Deus, meu Deus, por que me abandonaste?" (Mt 27,45-46). Soltou um forte grito e morreu.

ABANDONO: a experiência de Cristo no sofrimento e na morte é a experiência pela qual também passamos. Do jeito que Jesus sofreu e morreu devemos também sofrer e morrer. Ele nos ensinou viver, ensinou-nos morrer, com um coração carregado de amor ao Pai e de confiança nele, e a carregar a dor e a morte, sabendo que Deus nos ama e nos faz encontrar toda a força de que precisamos nessas horas decisivas.

> **"Missionários da Partilha":** na experiência da dor, sempre manifestar às pessoas o consolo da misericórdia e da fraternidade!

Vimos algumas realidades por meio das quais Jesus nos ensina a dar testemunho da fé e também a agir na missionariedade, ou seja, como "**Missionários da Partilha**". O cristão não deve dizer apenas que é cristão, ele precisa seguir de perto o JEITO DE CRISTO e, ao mesmo tempo, praticar a missionariedade em nosso tempo e em nossa história.

Que RETRATO estamos deixando na história de nossa vida e entre nós? Há belas e nobres esculturas artísticas da fé dentre nós, que testemunham sem reserva seu amor a Cristo. Mas temos de fazer nossa parte...

2. ZOOM dos GESTOS e das ATITUDES de JESUS

Antes de tudo, Jesus foi profundamente humano. Nisso nos ensina que, antes de tudo, fez-se homem para nos fazermos mais humanos ainda. Será que é o que acontece hoje? Em muitos momentos, Jesus não hesitou em ser humano no mais profundo sentido, sem se abstrair de sua divindade. Ele é o Deus encarnado. E nós? Bom, nós precisamos viver a fé de modo encarnado. O "Missionário da Partilha" que não se esforça para viver a fé de modo encarnado, comprometido, então tem dificuldades para viver de modo mais profundo sua fé. Não nos esqueçamos de que tudo o que foi possível para Jesus é possível para nós.

O zoom em alguns gestos e algumas atitudes de Jesus nos fará compreender melhor o zoom que devemos dar em nossa ação pastoral, na dimensão da partilha, da comunhão e da fraternidade. Nada mais belo e empolgante do que viver a fraternidade na Comunidade.

A MULHER FENÍCIA – PAGÃ (Mt 15,21-28)

"Minha filha está doente. Senhor, ajuda-me? Não convém tirar o pão dos filhos e atirá-los para os cachorrinhos! Mulher, tua fé te salvou..."

Jesus veio para servir a todos, e até mesmo os pagãos encontram lugar em seu coração. Que bom seria se as pessoas sempre encontrassem um lugar, um acolhimento sincero em nós.

Jesus escutou a voz daquela mãe sofredora e não perguntou nada sobre sua origem social, qual sua religião, pois importava a pessoa tão carregada de confiança e de necessidades. O grito daquela mulher alcançou o coração de Cristo.

Acho que ela até ajudou Jesus a descobrir que havia tantos outros necessitados além de Israel, lá no meio dos pagãos. Com certeza Jesus "abriu ainda mais os olhos para ver além das fronteiras". Como é bom olhar para além de nossas fronteiras. Como somos fáceis para colocar limites, desde que a causa não nos seja muito favorável ou não nos agrade muito.

"Missionários da Partilha": nesse episódio da mulher fenícia, aprendemos a nos doar mais inteiramente às pessoas. Todo bem praticado nos faz bem, porque somos beneficiados também. Acolhamos as pessoas que nos procuram e tenhamos um coração aberto àquelas que encontramos no burburinho da vida.

A CURA DO LEPROSO (Mc 1,40-45)

"Se queres, tu tens o poder de curar-me" (Mc 1,40).

No tempo de Jesus, tocar um doente, pior ainda, um leproso era tornar-se completamente impuro. O leproso sabia disso; quanta confiança manifestou em Jesus! Com um coração plenamente humilde, disse: "Se queres, podes curar-me". Como é bela a humildade! Como precisamos ser humildes em nossas ações! A humildade sempre saiu vencedora em todas as circunstâncias. Assim devemos ser, sempre. O leproso teve muita fé em Cristo Jesus!

Jesus ficou "cheio de ira", porque os religiosos daquele tempo mais excluíam do que uniam as pessoas. O ser humano e sua realidade estavam sempre abaixo da Lei, que era soberana. Aí está a "ira" de Jesus, e assim devemos ler sua palavra. Ele não gostava mesmo do jeito dos doutores da Lei tratarem a religião. Era fácil declarar impuro. O difícil era acolher o que precisava de amor, compaixão. Deixou claro também que era o **puro** que purificava o **impuro**; e não o **impuro** que contaminava o **puro**. Por isso, tocou sem receio no leproso, rompendo a interpretação da Lei judaica.

Assim, é muito bela a palavra de Jesus àquele leproso: "Eu quero! Fique purificado!" Deixou-nos claro que o leproso era seu irmão!

> **"Missionários da Partilha":** o leproso nos mostra o quanto devemos confiar no Senhor e em nada duvidar de seu amor. Sempre que nos aproximarmos dele, devemos ser humildes, sem desejar que tudo aconteça conforme nossa vontade: "Senhor, se queres, podes curar-me". Essa confiança e humildade devemos ter todos os dias. Isso é amar o Senhor!

JESUS APRENDE NA CONVERSA COM A MULHER SAMARITANA (Jo 4,5-42)

"Vejo que és um profeta!"

Jesus encontrou-se com uma mulher samaritana, à beira do poço de Jacó. Estava ali para buscar água, naquela região árida. Como havia diferenças entre judeus e samaritanos, disse à mulher: "Como é que sendo judeu, pede de beber a mim que sou samaritana?" (Jo 4,9). Ele aproximou-se da mulher, que possuía outro pensamento, "estava fechada naquela compreensão relacional".

Lendo todo esse relato no Evangelho de João, veremos como se dá o progresso dialogal e a abertura daquela mulher para a proposta de Jesus: "Vejo que o senhor é um profeta" (Jo 4,19). Certamente ela começava a pensar: "Será que Ele não é o Messias". Por isso foi anunciar ao povoado da Samaria o encontro com o Senhor.

Interessante notar que Jesus não impôs uma direção dialogal. Foi falando com ela e, a partir de suas palavras, foi iluminando-a com sua luz. Será que não é esse o caminho para a evangelização em nossos dias? Será que há outro caminho? Certo é que, se seguirmos o jeito de Jesus, as coisas sempre darão certo.

"Missionários da Partilha": o episódio de Jesus com a samaritana nos indica como devemos agir, como devem ser nossas atitudes no relacionamento humano. O primeiro passo é a decisão de acolher com sinceridade, de dialogar. Isso afasta todo pré-conceito e nos aproxima das pessoas. No trabalho pastoral, não resta dúvida de que o DIÁLOGO é fonte certa de acolhimento e de mudança na Comunidade. Quem deseja impor seus pensamentos certamente tem dificuldades para o diálogo.

JESUS ACOLHE O PEQUENO ZAQUEU, QUE ESTAVA EM CIMA DE UMA ÁRVORE (Lc 19,1-10)

"Zaqueu, desça depressa! Hoje devo ficar em sua casa!" (Lc 19,5).

O olhar de Jesus é sempre diferente. Ele olha além daquilo que os próprios olhos veem. Ele olha o interior, o querer da pessoa, a sinceridade de coração.

Zaqueu correu, subiu no sicômoro, para quê? Para ver Jesus! Vemos as vitrines, as roupas, o novo aparelho eletrônico. Vemos tantas coisas..., mas Zaqueu quis ver Jesus. A humanidade tem de ver Jesus. Subir em uma árvore: manifesta a plena vontade de ver Jesus! Era pequeno! Sim, pequeno, publicano, tido como pecador público... Será que aqueles que estavam no entorno de Jesus eram "tão perfeitos", que até impediam a outros de o verem? Nossa realidade eclesial hoje parece ter certos sintomas semelhantes, pois, em vez de buscarmos a fé vivida autenticamente aqui e agora e dentro de nossa realidade, há quem se arvora em ser "mais cristãos" que outros, por seguirem normas e regras já ultrapassadas e superadas pela própria Igreja. Quando "quero a Igreja do meu jeito, fico longe do Evangelho" encarnado. Jesus é o Verbo eterno encarnado entre nós.

O que disse Jesus a Zaqueu? "Desce depressa, pois hoje devo ficar em tua casa!" (Lc 19,5). Que surpresa! Prontamente acolheu Jesus em sua casa e ainda fez uma festa. Quem reconhece a pessoa não hesita em acolhê-lo!

Como, às vezes, as coisas se tornam difíceis por causa de nós mesmos: "Foi hospedar-se na casa de um pecador" (Lc 19,7)! Partir sempre do Evangelho e não de nossas concepções pessoais! É preciso sim viver os valores insubstituíveis do Evangelho de Jesus.

"Missionários da Partilha": fechados em nós mesmos, gananciosos de tudo e de todos, jamais seremos felizes. Zaqueu não estava fechado em si mesmo, pois procurou Jesus; nem em suas riquezas, pois partilhou seus bens com os pobres e ainda restituiu quatro vezes mais o que havia tirado dos outros, como ele mesmo afirmou, cumprindo plenamente o que afirmava a lei (Ex 21,37;22,3). Ajudando o povo a ter essa consciência ética, faremos com que o Evangelho seja encarnado na realidade de cada dia de nossa vida e do ambiente social em que vivemos.

JESUS DEFENDE A MULHER PECADORA CONTRA A CRÍTICA DO FARISEU (Lc 7,36-50)

"Se este homem fosse um profeta, saberia que tipo de mulher é esta que o toca, pois é uma pecadora!" (Lc 7,39).

Aquele fariseu viu uma moça pecadora, e Jesus viu um ser humano que precisava de misericórdia. Nós julgamos a partir de "nosso olhar", Jesus olha o ser humano a partir do coração.

Aquele fariseu observante partiu da Lei e não da misericórdia tão necessária em nos relacionamentos humanos. Aquela moça derramou suas lágrimas aos pés de Jesus, soltou seus cabelos e enxugou-os, beijou seus pés e ainda o ungiu com perfume (Lc 7,36-38). Quanto ensinamento para nós! Jesus acolheu aquela criatura pecadora e lhe concedeu a misericórdia. O fariseu acolheu Jesus, mas com outra intenção: observar se Ele respeitava a Lei. Por isso, no relato do Evangelho, Jesus mesmo disse-lhe que ele não cumpriu o que mandava a Lei. Bela resposta! É como se dissesse que a observância daquele fariseu não era tão perfeita assim.

E ainda perguntou ao fariseu: "Qual deles o amará mais?" (Lc 7,40-42). Ao que ele respondeu: "Acho que é aquele a quem perdoou mais" (Lc 7,43).

O ensinamento de Jesus é para todos os tempos. É para nós agora! Sabe qual é o problema de nosso tempo? Pouco amor e pouca misericórdia! O amor liberta, salva, redime. O desamor condena, julga, discrimina, exclui. O que é mais importante: a Lei ou o Amor? Evidentemente, é o AMOR. Aquela moça nunca mais se esqueceu de Jesus, de suas palavras, pois conheceu seu amor, sua misericórdia: "Teus pecados estão perdoados. Tua fé te salvou. Vai em paz" (Lc 7,48-50).

O amor e o perdão fazem as pessoas se reencontrarem consigo mesmas e com Deus, sempre!

"Missionários da Partilha": a ação missionária na Comunidade deve ser sempre carregada de amor e de misericórdia. O acolhimento da pessoa em primeiro lugar muda comportamentos e atitudes. Foi assim que Jesus fez, sempre. E temos de aprender dele. Ser cristão hoje, do modo daquele fariseu, é negar o Evangelho, que é vida, libertação, salvação, alegria, misericórdia, paz... O que cultivamos dentro de nós do ensinamento de Jesus?

JESUS RESPONDE AO DOUTOR QUE QUERIA ALCANÇAR A VIDA ETERNA (Lc 10,25-37)

"O que devo fazer para receber em herança a vida eterna?" (Lc 10,25-29).

Um doutor da lei se levantou e, para se confrontar com Jesus, perguntou sobre a herança da vida eterna.

Não podemos medir a sinceridade ou não daquele doutor da Lei. Porém é certo que se aproximou de Jesus e manifestou sua preocupação de salvação: "Receber em herança a vida eterna". Talvez quisesse dizer para Jesus que era a observância da Lei que salvava. Porém a salvação só acontece em Cristo, e não simplesmente na Lei.

Toda proximidade com Jesus causa mudança. É impossível nos aproximarmos dele e voltarmos do mesmo jeito. Cada um de nós já fez essa experiência da presença do Senhor na vida. Como aquele doutor da Lei voltou para sua casa não sabemos ao certo, porém é certo que a palavra de Jesus ficou gravada em seu coração.

Cristo lhe deu uma grande lição: amor ao próximo. Será que foi só para aquele homem ou é para todos os homens de todos os tempos? Claro, sua Palavra será sempre a Boa-Notícia para todo tempo e lugar, para toda cultura e humanidade.

Interessante que Ele manda AMAR além do possível, porque, na época, as compreendiam que era preciso amar só o próximo, desobrigadas, portanto, de amar quem não era próximo. Aí a parábola do Bom Samaritano rompe todo esse pensamento e todas as barreiras impostas ao amor. Não há divisão entre próximo e não próximos. Todo ser humano é irmão, não importa a distância, a cultura, nação. Todo ser humano é irmão!

Quanto ainda temos de melhorar, de crescer nessa verdade de Cristo!

Se nos aproximamos do Evangelho, não podemos viver de outro jeito, senão do jeito de Jesus. Sua Palavra nos interpela: "Vá e faça a mesma coisa" (Lc 10,37).

> **"Missionários da Partilha":** nossas atitudes, dentro da Comunidade, podem edificar ou dificultar a proximidade com as pessoas. Antes de tudo, devemos desfazer todas as barreiras que criamos em nossos relacionamentos. O **"Missionário da Partilha"** é chamado a partilhar a verdade de Cristo com sua própria vida, sempre tratando as pessoas com amor, com dignidade e respeito. É assim que ganhamos as pessoas para a pertença ao Reino, à Comunidade.

JESUS USA O MÉTODO DAS PARÁBOLAS PARA ENSINAR O POVO (Mt 13,10-17)

"Eis que o semeador saiu a semear e, ao semear, uma parte da semente caiu à beira do caminho..." (Mt 13,4).

Jesus usou muitas PARÁBOLAS – pequenas narrações breves, que traziam grande ensinamento para o povo, que, naquela realidade, compreendia muito bem o que Ele ensinava. Certamente, depois de sua pregação, o povo ficava comentando entre si o sentido do que havia ensinado. Por exemplo: o que Jesus queria ensinar com a semente que caiu no meio dos espinhos, no chão duro da estrada ou na terra boa?

Todas as parábolas vêm nos falar da verdade do Reino. Assim Jesus ensinava, ajudava o povo a descobrir a presença do Reino no meio dele. Enquanto os fariseus diziam que, para conhecer o Reino, era preciso conhecer a Lei, Jesus já dizia que ele estava presente no meio do povo, pois era o Reino (Lc 17,21). Olha que beleza essa verdade!

Esse mesmo ensinamento vale para nossos dias. O que devemos fazer como cristãos? Ajudar o povo descobrir a presença do Reino, ou seja, fazer com que os valores que Jesus ensinou estejam presentes em nossa vida. Esta é a missão dos **"Missionários da Partilha"**, pois apresenta um valor grande do Reino de Deus, que se manifesta na Comunidade-Igreja: a PARTILHA, a PERTENÇA, o COMPROMISSO.

Tudo o que fizermos com sinceridade, com esforço e dedicação, a favor do Reino, trará seus frutos. Só não podemos ficar esperando resultados, pois estes pertencem a Deus. A nós cabe fazer tudo com muita dedicação. Será que você viu alguma vez no Evangelho Jesus fazendo alguma coisa mais ou menos? Jamais! Tudo fazia com dedicação, com amor. Isso vale para nós, para os que desejam tornar vivo o Reino de Cristo entre nós.

"Missionários da Partilha" devem colocar-se, em cada dia, no caminho do Reino. À medida que ajudam o povo na pertença ao Reino, ele mesmo descobre constantemente a alegria dessa pertença e, ao mesmo tempo, vive esse compromisso. A presença do Reino se dá pela comunhão sincera e fraterna de uns para com os outros.

JESUS PEDE PARA PERDOAR E RECONCILIAR SETENTA VEZES SETE (Mt 18,21-35)

"Quantas vezes devo perdoar se meu irmão pecar contra mim? Até sete vezes?" (Mt 18,21).

O amor não tem limite. Perdoar é amar, por isso perdoar somente sete vezes é colocar limitação no "tamanho" do amor. O número sete para o hebreu significa plenitude, completude, perfeito, algo acabado. Perdoar setenta vezes sete significa perdoar sempre e jamais deixar de fazê-lo.

Jesus sempre insistiu sobre o perdão: "Se seu irmão pecar contra você, chame a atenção dele. Se ele se arrepender, perdoe. Se ele pecar contra você sete vezes em um só dia..." (Mt 6,14-15).

Quantas vezes também rezamos no Pai-nosso bem do jeito que Jesus nos ensinou: "Perdoai nossas ofensas como nós perdoamos a quem nos tem ofendido". Portanto só é possível para o cristão viver no perdão mútuo, pois esse é o jeito de Jesus.

Nenhuma vingança traz qualquer benefício para o ser humano, nem para a humanidade inteira. Se assim o fosse, as duas guerras mundiais teriam resolvido todos os problemas do mundo, no entanto criaram muitos outros.

Quem segue Jesus com toda a força de seu coração encontra a vida, a plenitude da vida. Ele nos perdoou e nos ensinou a perdoar.

Na Comunidade, na vivência em comunhão, podemos superar as cicatrizes e viver na verdadeira COMUNHÃO de irmãos. Podemos ter ideias ou pensamentos diferentes, mas eles jamais podem nos dividir na Comunidade, pois é nela que vivemos a presença do Reino.

Somente o PERDÃO, a RECONCILIAÇÃO, a UNIÃO podem nos fazer humanos verdadeiros, gente do jeito que o Senhor pensou. Viver de outro jeito, com desejo de vingança no coração, é opor-se ao Evangelho de Jesus, a seu ensinamento, a sua verdade.

Criar o mundo novo que tanto desejamos depende de nós.

> **"Missionários da Partilha"**: o perdão é importante morar em nosso coração, pois no trabalho missionário vamos nos deparar com as limitações das pessoas, que precisam de compreensão. O "Missionário da Partilha" é um sinal de reconciliação e de paz entre as pessoas, reparte os dons da união, da comunhão fraterna em seu encontro e relacionamento com as pessoas. Por isso o perdão tem de morar em seu coração, como morou no coração de Jesus.

JESUS REZA A DEUS PELO SOLDADO QUE O PREGAVA NA CRUZ (Lc 23,33-38)

"Pai, perdoai, eles não sabem o que fazem!" (Lc 23,34)

Jesus foi ao extremo de seu amor: entregou-nos sua própria vida! No alto da cruz sua suprema humanidade é manifestada, quando Ele roga ao Pai que dê o perdão àqueles que o maltratavam e o matavam.

Enfrentou a desumanidade com sua extrema humanidade. Não revidou com a mesma atitude de seus algozes, mas mostrou-lhes que é o amor que vence a violência e a maldade. A truculência jamais trouxe a paz. A desumanidade é um veneno social que precisa ser extirpado.

Esses mesmos sentimentos precisam estar dentro de nós. Não é possível querer viver em uma Comunidade e abraçar o Evangelho e, ao mesmo tempo, ter atitudes que não convêm nem convencem qualquer pessoa. Imaginemos se Jesus tivesse motivado os discípulos a usarem de truculência, como teria terminado a vida deles? Não teriam nos deixado o belo testemunho de vivência, de compromisso e de anúncio do Reino. Tal qual Jesus não rejeitaram o martírio imposto por aqueles que se achavam mais corretos que outros.

O Evangelho será sempre uma luz no caminho do cristão e da Comunidade. Ali está a fonte de toda a humanidade de Jesus, que se fez um de nós e, ao mesmo tempo, é a Palavra de nossa salvação. Ele respeitou ao máximo toda possibilidade da pessoa se regenerar; até por isso olhou para o soldado e pediu perdão ao Pai, para que não terminasse talvez um pouco de humanidade naquele que o feria.

O perdão está arraigado no amor que temos uns pelos outros. Podemos dizer: quem não ama também não perdoa! O amor será sempre a força de que precisamos e que nos faz recuperar aos outros e a nós mesmos. Não nos cansemos, pois, de aprender sempre de Jesus.

"Missionários da Partilha": antes de tudo, o "Missionário da Partilha" não pode deixar de ser humano, carregado de atitudes de humanidade, como fez Jesus. A atitude humana profunda e sincera é evangélica. Por isso, ao nos aproximarmos das pessoas em nosso trabalho missionário, devemos pensar em primeiro lugar em sermos humanos de verdade. E a partir daí certamente vamos conseguir que as pessoas tenham mais abertura de alma e de coração para aquilo que temos para lhe propor ou oferecer.

Pudemos ver alguns gestos e algumas atitudes de Jesus, aos quais chamamos de zoom. Entretanto todo o Evangelho é um zoom da pessoa de Jesus. Embora haja aqueles que parecem ser mais incisivos, todos eles trazem a seiva da redenção. Certamente poderemos dar mais passos significativos em nossa pastoral de **"Missionários da Partilha"**, se nos firmarmos nosso coração no Senhor, que nos amou eternamente. Ser **"Missionário da Partilha"** é tornar o Cristo encarnado na realidade de nosso tempo e de nossa história.

3
CARIDADE, UM SERVIÇO À VIDA PLENA

"Eram perseverantes na comunhão fraterna" - At 2,42-47

"Perseveravam na doutrina dos Apóstolos e na comunhão fraterna, no partir o pão e na oração em comum. O temor se apoderava de todos, e eram numerosos os prodígios e sinais feitos pelos Apóstolos. Todos os que creram estavam juntos e tinham tudo em comum. Vendiam suas propriedades..., frequentavam todos os dias o Templo e partiam o pão em suas casas..., tomavam as refeições com alegria e simplicidade de coração..."

A caridade é dom sublime e divino. O trecho dos Atos dos Apóstolos nos mostra exatamente para ela onde nos conduz. Dentro da "Missionariedade da Partilha", não se pode deixar de se inspirar e traçar um projeto de ação, sem antes ler, meditar, compreender e plantar no coração e nas atitudes o gesto da partilha sincera e fiel. É nesse sentido que vamos procurar desenvolver a reflexão a seguir.

A VIDA É DOM SUBLIME: vem de Deus e é de Deus. "Nós não temos a vida; é a vida que nos tem." É Deus mesmo que nos tem, e eternidade é vivermos a VIDA NELE e COM ELE. A Caridade tem sua origem em Deus, pois dele nos veio e nos vem tudo o que somos e de que precisamos.

A Caridade (=amor) gera a unidade, a harmonia. Vejamos nosso CORPO. É um TODO! Cada célula, os neurônios, os ossos e as articulações... estão em um todo, e qualquer "alteração", por menor que seja, atinge o corpo todo. Cada parte e cada órgão, cada membro tem sua FUNÇÃO. Todos estão LIGADOS ao TODO por inteiro, por completo. Nada é sobrante ou enfeite. Por isso o MENOR corte em um dedo, por exemplo, bem sabemos que nos perturba por inteiro. Todos nós, com certeza, já fizemos experiência semelhante.

A Igreja é um CORPO MISSIONÁRIO. Agimos na evangelização em Comunidade. Quem quer agir sozinho não caminha devidamente como Igreja. Por isso, se uma pequena "ferida" perturba nosso Corpo inteiro, pensemos nesse sentido sobre a FRATERNIDADE na Igreja inteira (consequentemente em nossa Diocese, Paróquia, Comunidade). A Caridade deve nos unir e não nos dividir. Deve nos levar a fazer da vida uma oferta agradável ao Senhor.

Uma "PEQUENA ATITUDE" influencia o "CORPO TODO". A influência ou a consequência será boa ou ruim, forte ou fraca, positiva ou negativa, DEPENDENDO de seu TEOR (se é bom, se é ruim...).

Não há como NÃO PENSAR, seja qual atitude for, pois sempre haverá consequências. Trata-se de PENSAR se ESTAMOS SOMANDO FORÇAS pela CAUSA que amamos e trabalhamos como **"Missionários da Partilha"**.

A dimensão indispensável nesse trabalho missionário é a FRATERNIDADE. Ela é a essência, a causa raiz. A evangelização é autêntica se conduz a ELA, à PARTILHA. O Evangelho de Jesus sempre encaminhou seu ensinamento exatamente para a fraternidade, por isso a grande responsabilidade dos **"Missionários da Partilha".**

Os Atos dos Apóstolos – At 2,42-47 – apontam-nos para os bons elementos da vivência das Primeiras Comunidades, mas também nos INTERROGA. Ei-los:

1. Perseverança na Doutrina – Ensinamento dos Apóstolos;
2. Viviam a Comunidade;
3. Fração do Pão (Eucaristia);
4. Oração Comum;
5. Tinham tudo em comum;
6. Vendiam suas propriedades e seus bens;
7. Distribuíam "os bens" conforme as necessidades;
8. Eram unidos de coração, na oração, na partilha;
9. Tomavam as refeições com alegria e simplicidade;
10. Louvavam a Deus e tinham grande estima do povo.

A partir desse fato dos Atos dos Apóstolos, olhamos para nós para compreendermos e melhorarmos nossas atitudes nesse digno trabalho dentro da Comunidade cristã:

1. Perseverantes no ensinamento dos apóstolos

Escutar: necessário para APRENDER, para AMAR e PARTILHAR. Isso nos leva a descobrir o SENTIDO de PERTENÇA ao Reino. O Espírito Santo **guiava** os Apóstolos e aqueles que o escutavam. A Comunidade só cresce porque vê os VALORES do Reino.

"Missionários da Partilha"= Ajudar o povo descobrir o sentido da PERTENÇA e dos VALORES do Reino.

2. Viviam em comunidade

O sentido de Comunidade é muito forte. Nós hoje não temos esse mesmo sentido da importância da Comunidade, da centralidade da vida de fé vivida em Comunidade (é preciso resgatar isso!). Parece que estamos meio "relaxados". É preciso recuperar!

O trabalho da "Pastoral do Dízimo" com seus agentes, os **"Missionários da Partilha"**, tem aí grande força (é preciso descobrir essa força escondida). Há uma descoberta do SENTIDO DA VIDA e da PERTENÇA à Comunidade...

"Missionários da Partilha" = Ajudar a clarear a consciência e firmar nas pessoas o sentido da PERTENÇA ao Reino.

3. Fração do Pão (Eucaristia)

Consequência da compreensão do sentido do Reino, da vivência da fé.

A Eucaristia (a Fração do Pão) é a prática já vivida na Comunidade. Era o ponto de partida e de chegada da Comunidade inteira. Nada faltava para ninguém. O pão partilhado gerava a vida entre todos. A Palavra e a Eucaristia era o TODO da Comunidade que se solidarizava sem cessar e de todo o coração.

"Missionários da Partilha" = Ajudar a Comunidade a redescobrir o valor da Eucaristia e os valores que nos levam a ela: a partilha, a solidariedade, a comunhão fraterna.

4. Oração em comum (Unânimes)

Era o estilo de vida dos Primeiros cristãos. Não era uma fé vivida individualmente, nem uma piedade vazia, mas a PRECE COMUM era o ponto de união de todos. A autossuficiência hoje chega até na vida de oração: "Rezo sozinho"; "Não preciso ir à igreja para rezar...". Proclama-se independência total até no relacionamento com Deus. Mas a Palavra nos ensina muito diferente, faz-nos andar por outro caminho.

"Missionários da Partilha" = Rezar juntos e ajudar a Comunidade a compreender a importância da "Oração Comum".

5. Tinham tudo em comum

A aposta não era no consumismo, mas na Partilha. Importava que todos vivessem dignamente. Ainda: tudo faziam porque apostavam no Reino. Hoje apostamos em "nossos reinos", daí uma sociedade cheia de pessoas feridas.

Nossas atitudes cristãs não podem deixar de ver essa realidade. O cristão tem uma força sem medida, a força do Evangelho de Jesus, capaz de transformar qualquer sociedade. É o episódio de Elias e a viúva de Sarepta: "O resto de farinha que se multiplicava", 1Rs 17,7-14 (a farinha do pote que não mais se acabava).

"Missionários da Partilha"= Nossa missão é ajudar as pessoas a compreenderem que, "se temos bens, é porque repartimos e não porque fomos egoístas". A partilha gera bens, não acúmulo de bens!

6. Vendiam suas propriedades

Tinham um forte sentido de Comunidade e um OLHAR para as necessidades dos irmãos. O possuir não tinha sentido, apenas o repartir. A consciência do que era pertencer ao Reino era profunda, pois "Fé e vida" não se separavam jamais.

"Missionários da Partilha"= Vencer e ajudar a vencer as barreiras que impedem as pessoas de misturarem a "fé e a vida; a vida e a fé".

7. Distribuíam os bens conforme as necessidades

A oferta, a entrega da Oferta na Comunidade é para ser partilhada. A finalidade do Dízimo é a Evangelização (recursos necessários para o desenvolvimento das Pastorais). Por isso ir ao encontro das muitas necessidades (ou das que são possíveis ou urgentes), pois nossas Comunidades não têm o suficiente para tudo e para todas as necessidades. Mas não entrar pelo caminho da caridade, da solidariedade é conduzir a Comunidade ao fracasso, porque o que a solidifica é a partilha.

"Missionários da Partilha"= Ir conscientizando as pessoas de que a partilha é constante, pois as necessidades não têm dia, hora e lugar.

8. Eram unidos de coração, na oração e na partilha

O Espírito de Cristo estava presente no coração dos Apóstolos e do povo. Tudo ressoava com amor entre eles.

Tinham a labuta diária da vida, mas também a FÉ era a vida deles. A oração é a fonte inesgotável de todo o bem que recebemos de Deus. É força dos humildes e dos santos.

"Missionários da Partilha"= Tudo o que fizermos seja no Espírito de Cristo, e não em nosso espírito humano (egoísmo, divisão, disputa...)

9. Tomavam as refeições com alegria e simplicidade

Onde Deus está, há sempre alegria e simplicidade. Essa refeição era o ágape que antecedia a Eucaristia. Havia a partilha da vida e a partilha do altar. A vida era trazida para o altar, e o altar era a fonte da partilha, do encontro, do fazer-se e sentir irmão.

"Missionários da Partilha"= Ajudar a si mesmos e a Comunidade a viverem a alegria da fé e da partilha.

10. Louvavam a Deus e tinham a estima do povo

A alegria da fé vivida é antecipação da eternidade. Deus nos dá a graça de experimentar já na terra a alegria do céu. Precisamos sim descobrir e redescobrir a alegria de estarmos unidos na Comunidade, na força da fé, que nos faz celebrar a vida em Cristo.

“Missionários da Partilha”= Dizer obrigado ao Senhor por sua nobre missão de ser “Missionário da Partilha”.

11. Agir a favor dos irmãos, sempre (Mt 25,31-46)

Há ideias sobre o Dízimo que não são nada viáveis e são infundadas. Infelizmente, por falta de esclarecimentos, ainda são cultivadas. A raiz fundante da participação no Dízimo é a caridade e a evangelização. Por isso pensar que o “dízimo é dinheiro que se dá na igreja” é pensar exatamente o que não é o Dízimo. Com ele, CONTRIBUÍMOS com nossa Comunidade, e jamais PAGAMOS ou DEVOLVEMOS o dízimo. É preciso usar a palavra exata, e não criar expressões que geram dúvidas.

VAMOS DAR UM PASSO IMPORTANTE em nossa reflexão, procurando ver onde alcança o trabalho tão belo e importante dos **“Missionários da Partilha”**, e partir de um texto que deve ser compreendido, pois está na raiz da AÇÃO EVANGELIZADORA da Igreja, portanto na AÇÃO dos **“Missionários da Partilha”**. É o texto de **Mt 25,31-46**.

No texto do JUÍZO de Deus sobre a Humanidade está a PLENA REVELAÇÃO de Jesus – Ele se IDENTIFICA com o SER HUMANO, principalmente com os que são VÍTIMAS de estruturas de MORTE, VIOLÊNCIA e EXCLUSÃO.

ESSE trecho do Evangelho não é uma IMAGINAÇÃO, uma visão antecipada, como os fundamentalistas querem fazer crer. Por isso não fiquemos também a imaginar, imaginar, imaginar.

APRENDER A DISCERNIR (perceber claramente) – Não é hora de JULGAR, mas DISCERNIR! Isso é COMPREENDER os SINAIS dos TEMPOS. Agora é a HORA DO DISCERNIMENTO e da SALVAÇÃO.

O que Jesus QUER NOS MOSTRAR?

Jesus quer MOSTRAR nosso modo de PROCEDER, inspirado em seu próprio MODO de AGIR (“Tive fome e me destes de comer, sede e me destes de beber...”).

O JUÍZO de Deus sobre a humanidade não é um ESPETÁCULO do futuro – (O Evangelho não “é um palco de espetáculos!”)

Foram escritos para despertar nossa RESPONSABILIDADE no presente, para PROMOVER o melhor que há em nós e AFASTAR tudo o que nos desumaniza.

Essa “parábola” do Juízo de Deus sobre a humanidade nos fala de **SEIS SITUAÇÕES BÁSICAS**. Não são casos irreais, são fatos entre nós, ontem e hoje. São realidades tristes, por causa da falta de amor-partilha. Vejamos:

1. fome;
2. sede;
3. imigrantes (estrangeiros);
4. desnudo (nu);
5. doente;
6. encarcerados (Presos).

São REALIDADES presentes entre nós e em todas as nações. Em toda parte, infelizmente, há FAMINTOS e SEDENTOS, há IMIGRANTES e DESNUDADOS (sem roupa), ENFERMOS e ENCARCERADOS.

Jesus olha BEM EM NOSSOS OLHOS e nos INSPIRA a prolongar, continuar sua ATUAÇÃO – PRESENÇA em favor dos excluídos.

Jesus nos ensina a COMPAIXÃO. Ele foi ao encontro das pessoas sofredoras e continua a se encontrar com elas hoje. Agora, somos nós os interlocutores de Cristo. Assim nos ensina a OLHAR demoradamente o ROSTO dos que sofrem. PROVOCA-NOS a ATIVAR nossa SENSIBILIDADE SOLIDÁRIA.

Não há outro LUGAR MAIS AUTÊNTICO para podermos RECONHECER com mais PRECISÃO, com mais VERDADE, o ROSTO de JESUS, senão no ROSTO do irmão.

COMPAIXÃO é reconhecer o ROSTO de Jesus no ROSTO do irmão.

A COMPAIXÃO nos impulsiona ao ENCONTRO dos DESLOCADOS no mundo e entre nós! Ela é o "extremo" da CARIDADE. O Livro do Apocalipse nos fala da multidão que lavou suas vestes no sangue do Cordeiro, as quais se tornaram intensamente brancas – Ap 7,9-17. São os benditos do Pai, de que nos fala o evangelista Mateus, na cena do juízo, em que havia aqueles que ALIVIARAM o sofrimento dos necessitados e os INSENSÍVEIS que lhes negaram a compaixão-vida.

O decisivo diante de Deus não são as "PRÁTICAS RELIGIOSAS", mas os gestos humanos de ajuda aos necessitados.

Tais ações podem brotar do coração de uma pessoa que crê em Deus ou do coração de um ateu que atua em favor daqueles que sofrem.

Encontrar – Ajudar – Aliviar a dor: atitudes próprias do amor. Embora haja aqueles que decidem pela guerra e violência, que aumentam o sofrimento, muitos buscam aliviar um pouco a dor que há no mundo. QUEM ASSIM FAZ é convidado a ENTRAR no Reino e ainda são chamados de "**benditos de meu Pai**".

É bem a parábola do BOM SAMARITANO, que não perguntou quem era o homem caído, nem sua identidade ou classe social a que pertencia; simplesmente se deixou INTERPELAR pela dor e pelo sofrimento daquele homem ferido. Isso é matar a fome e a sede, é vestir um desnudado, é libertar um oprimido...

A mensagem de Jesus é completamente clara: o critério de salvação não é o RELIGIOSO, mas o ÉTICO, aquilo que vem do mais profundo de nosso ser, das **ENTRANHAS COMPASSIVAS.**

Qual religião verdadeira? A que procura ser do jeito que Jesus foi, do jeito que Jesus viveu em seu tempo. Afinal, somos seguidores de uma PESSOA e não de uma religião, uma doutrina, um rito...

Agora podemos lembrar: aí está o **FUNDAMENTO** da VIDA, da CARIDADE, da COMPAIXÃO, quando chamamos você de **"MISSIONÁRIO DA PARTILHA"**. Você está REALÇANDO, EXALTANDO, ENXUGANDO o ROSTO dos sofredores, pois a Comunidade bem-organizada ACODE SEMPRE os mais necessitados. Então, veja QUÃO GRANDE é sua missão e, ao mesmo tempo, quão bela! É exigente, mas continua sendo bela.

Só quem tem um CORAÇÃO COMPASSIVO é capaz de viver a ajuda e o serviço a partir da gratuidade.

Não faz isso para conseguir algo em troca, nem sequer apresenta uma motivação religiosa: "Senhor, quando foi que te vimos...?" De igual modo, aqueles que, a partir de uma opção religiosa esvaziada de compromisso, procuram querer agradar ao Senhor são repreendidos com dureza por não o ter reconhecido na pessoa dos mais necessitados: "Tive fome e não me destes de comer. Tive sede e não me destes de beber..." (Mt 25,42).

Para Jesus:

- alimentar os famintos,
- vestir aos desnudos,
- acolher os imigrantes,

- atender os enfermos,
- visitar os presos,

é o melhor reflexo do coração de Deus e a melhor concretização de seu Reino.

Assim, "cada um ou grupo se dirige para o lugar que eles mesmos escolheram" (à direita ou à esquerda, no dizer do Evangelho). Uns reagiram com COMPAIXÃO, outros com INDIFERENÇA. O que DECIDE é o VIVER MOVIDO pela COMPAIXÃO, ou não!

O CAMINHO para encontrar Deus passa pelo **"templo"**, que é o OUTRO, sobretudo os carentes e os marginalizados, os excluídos e os abandonados, aqueles que foram impedidos em sua dignidade. Essa é a grande NOVIDADE de Jesus, no ambiente em que vivia, onde o Templo era o centro de tudo.

O "inferno" não é um lugar ao qual Deus nos condena, mas uma situação em que nós mesmos nos "fechamos". É o que na Bíblia se chama "o endurecimento do coração", que se opõe à bondade e se petrifica na maldade. Não é Deus que nos envia ao inferno, mas o endurecimento do coração que nos fecha e nos isola, torna-nos egoístas, raiz de todo pecado e toda separação, divisão.

É preciso, pois, tirar de dentro de nós (se houver) a imagem de um "Deus vingativo", colocar a de um DEUS COMPAIXÃO-MISERICÓRDIA-ENCONTRO.

Cristo sempre agiu com misericórdia. Em seu Filho, o Pai revela o extremo de seu amor incondicional, sem medida e sempre presente. A lógica de Deus contraria a lógica do homem sempre. A segurança humana não está nas armas, como arvoram alguns, mas na compaixão. A lógica da justiça divina, a misericórdia, recria-nos, restaura-nos, faz-nos reviver. O juízo de Deus: "Vinde, benditos de meu Pai" é a BOA NOTÍCIA para os herdeiros do Reino. Como será bom ouvir a voz de Cristo nos chamando... Com certeza, o **"Missionário da Partilha"** está entre estes...

12. DONS – TALENTOS: estão a serviço do Reino

Iniciamos nossa reflexão, com o texto de **Mt 25,14-30** sobre os **TALENTOS**. É bom e importante um olhar BÍBLICO-PASTORAL sobre essa bela parábola de Jesus. Ela vem romper nossas APATIAS e morosidades na vida batismal.

A palavra TALENTO para nós pode ressoar de vários modos:

- uma pessoa inteligente;
- alguém que sabe manejar a arte ou algo impressionante;
- alguém que tudo faz com muita desenvoltura etc.

A PARÁBOLA dos TALENTOS quer nos despertar da **APATIA** (estado de alma desinteressado) e superar os medos e as inseguranças que nos deixam **paralisados**!

Papa Francisco, incansável em sua missionariedade e em seu pastoreio do povo de Deus, diz-nos com precisão e vigor: "Como gostaria de encontrar palavras para encorajar uma ação evangelizadora mais ardorosa, alegre, generosa, ousada, cheia de amor até o fim e feita de vida contagiante! Mas sei que nenhuma motivação será suficiente, se não arde nos corações o fogo do Espírito Santo" (*Evangelli Gaudium*, 261).

"Fiquei com medo e escondi teu talento no chão; aqui tens o que te pertence" (Mt 25,25). Jesus mostra aí que o patrão não gostou nada dessa atitude. Se Deus nos deu DONS para o serviço do Reino e deixamos de exercitá-los, significa que não correspondemos com a graça de Deus em nós. Ele nos ajuda a perceber por onde devemos andar e fazer de nossa vida um dom, um serviço. Não há dom maior do que colocar a própria vida a serviço do amor, da vida, da dignidade das pessoas, como fez Jesus.

A parábola dos TALENTOS vem nos mostrar a GRATUIDADE de Deus. Jesus vem nos mostrar o quanto o Pai nos ama e nos OFERECE SEU AMOR, na GRATUIDADE (não esperar nada em troca). É deste modo que devemos viver: do modo de Jesus; nele reside toda Espiritualidade de que precisamos.

A GRATUIDADE DO AMOR não é chantagem afetiva!
TUDO é DOM.
TUDO é GRAÇA.
TUDO é BONDADE divina.

Como então "FAZER PRODUZIR", conforme nos ensina a parábola? Como fazer RENDER os TALENTOS (dons) que nos foram dados? Nada poderá acontecer se não houver aplicação, dedicação. Sem o esforço pessoal, certamente teremos sempre opinião a respeito disso ou daquilo, mas nós mesmos continuaremos onde estamos e não progrediremos.

Se partirmos do modo de proceder de uma sociedade marcada pelo mercado, pelo lucro, pela infeliz lei do "levar vantagem em tudo", vamos fugir do sentido que o Evangelho nos traz. Partimos para relações **capitalistas**, e não de **gratuidade**.

Jesus nos fala da GRATUIDADE DA MISERICÓRDIA DIVINA: Ele "ama os maus e ingratos" (Lc 6,35), acolhe o "filho pródigo" (Lc 15,20-24), é "amigo dos publicanos e pecadores" (Mt 11,19), acolhe a mulher apanhada em adultério (Jo 8,1-11).

Portanto seu modo de AGIR NÃO se identifica com o senhor da parábola.

O que Jesus está DENUNCIANDO? Uma FALSA IMAGEM de Deus ou ATITUDE imprópria de quem exige até o último centavo, de quem não apresenta nenhum resultado satisfatório, portanto não tem méritos. Triste imagem de Deus!

Os fariseus têm essa IMAGEM FALSA do Deus que julga pelo MÉRITO, que dá recompensa somente à pessoa que cumpriu estritamente o que prescreve a Lei. Por isso têm o conceito de que os doentes, por exemplo, são amaldiçoados, pois nada podem fazer ou produzir. Ficam "jogados às traças", como os leprosos, os paralíticos, os pecadores e doentes... Jesus mostra outro sentido para a vida, que não é o **mérito**, mas a sim a **misericórdia**. Como é belo compreender assim o Evangelho! E é assim que deve ser entendido, compreendido, vivido.

E o **DÍZIMO?** Fica claro que ele deve MANIFESTAR nossa RELAÇÃO de GRATUIDADE, de AMOR, de COMPROMISSO, para com Deus e de GRATIDÃO a Ele. (Cuidar para não ter uma falsa imagem de que, ao começar a colaborar com o dízimo, as coisas melhorarão, pois seria um sistema de troca) – SIM, quando as coisas começam a MELHORAR, é porque começamos a viver a RELAÇÃO de GRATUIDADE com os irmãos. E toda relação de gratuidade nos plenifica da graça divina, de seu amor; e isso, de fato, melhora nossa vida, pois o amor é vida, é essencial, não pode faltar. Quando aprendemos a nos doar, o maior beneficiado somos nós mesmos.

ASSIM, o Dízimo nos ensina a COMPREENDER e VIVER do jeito de Jesus, a termos o compromisso com a vida, com o Reino.

E o medo daquele que NADA RENDEU? Escondeu o "talento" e devolveu o mesmo que havia recebido! Ele imaginou um Senhor SEVERO, EGOÍSTA, ARBITRÁRIO... Exigente, que não admitia ERROS. Esse medo tomou conta desse pobre homem! Será que também toma conta de nós? Qual é a ideia de Deus que está dentro de nós? O Evangelho nos ensina sempre, e não se cansa de nos mostrar, a misericórdia ou compaixão divina.

A PARÁBOLA quer nos fazer superar o MEDO e a APATIA (é triste a apatia dos cristãos). CADA UM de nós tem uma RIQUEZA, um TESOURO de grande valor (pérola rara). NÃO sepultemos no MEDO, ou na MEDIOCRIDADE, ou na SUPERFICIALIDADE o que Deus nos concedeu: os TALENTOS (Dons). SEJAMOS ATREVIDOS. Vivamos tudo o que Deus nos deu na gratuidade de seu amor!

Não importa se são 10, 5, 4, 2 ou 1 talento, importa a RIQUEZA da GRATUIDADE do amor que Deus nos deu! SAIAMOS da MESMICE!

REDESCUBRAMOS nossa INTERIORIDADE! Há ALGO profundo em nós! Destravemos nosso próprio eu... Somos uma RIQUEZA! Se ficarmos nos escondendo no MEDO, na imagem de um Deus vingador, então nunca haverá progresso.

OS TALENTOS são realidades DENTRO de nós e a NOSSA VOLTA, os quais nos fazem ser MAIS HUMANOS! Ser humano é ser gente, é amar, é servir, é compreender mais, é animar-se na esperança...

ISSO nos faz viver na ALEGRIA. Quem está no Senhor vive na alegria! A TRISTEZA é o fechar-se em si mesmo e aos outros! Aliás, fechar-se em si mesmo é fechar-se aos outros!

Jesus vem nos MOTIVAR na ATITUDE de BUSCA e de CONFIANÇA em seu senhor e em si mesmos ("o senhor me deu... apliquei e rendeu tantos talentos...")

Não importa a quantia com que "negociamos", pois do Senhor RECEBEMOS SEMPRE O MESMO PRÊMIO: sua misericórdia, a salvação!

DÍZIMO – PARTILHA = Fazer crescer os DONS de Deus no meio da Comunidade. O Dízimo está intimamente ligado com a EVANGELIZAÇÃO. Compreender seu sentido é abrir-se para a realidade da Comunidade, para o sentido evangelizador que brota do Evangelho. Somos todos comprometidos, não apáticos, com o JEITO e ENSINAMENTO de Cristo. Por isso os DONS e TALENTOS que o Senhor nos concedeu precisam estar a serviço da vida, das pessoas, do Reino. E isso se realiza por meio da Comunidade em que vivemos.

E o **"MISSIONÁRIO DA PARTILHA?"** Cada um deve colocar seus dons e talentos a serviço da Comunidade; isso é servir a Igreja, o Reino de Deus. Também a união entre todos nessa Pastoral é indispensável. Fazemos muito na força da unidade. Sozinhos não fazemos nem podemos coisa alguma. Por isso a união é fundamental. Também é preciso um valorizar o outro, reconhecer o bem que fez. A humildade nos educa! Sejamos unidos na Comunidade, reconheçamos o bem que os outros fazem, pois consequentemente reconhecerão o que fazemos para edificar o Corpo de Cristo, a Igreja.

As diferenças entre as pessoas fazem parte do desejo, do plano de Deus; e elas devem nos levar à caridade. Quem não precisa da caridade? Todos nós temos necessidades uns dos outros. Por isso o caminho é o da unidade na Comunidade-Igreja.

13. Novo Testamento

A vida das Primeiras Comunidades cristãs será sempre uma referência para nós, cristãos, inseridos dentro de uma Comunidade. "Viviam unidos e tinham tudo em comum... Unidos de coração, frequentavam todos os dias o tempo e partiam o pão em suas casas, tomando as refeições com alegria e simplicidade de coração. Louvavam a Deus e gozavam da estima de todo o povo. E cada dia o Senhor ia ajuntando à Comunidade os que seriam salvos" – At 2,44.46-47.

No Novo Testamento não encontramos a palavra dízimo. Porém isso não significa que estamos dispensados desse dever de partilha e de compromisso cristão. Jesus nunca desautorizou o Dízimo ou a Lei Mosaica. Mas é preciso compreender que o que é básico, irrevogável e indispensável para a vida em Comunidade jamais foi abolido por Ele, como a prática da JUSTIÇA, MISERICÓRDIA, AMOR, PARTILHA.

O Novo Testamento não está mais sob o regime disciplinar da Antiga Aliança, por isso sabe compreender que o ensinamento de Jesus encaminha para outra direção, para outro sentido. A Igreja nascente, que chamamos de Igreja primitiva ou Primeiras Comunidades, de fato, não praticou a lei mosaica, o dízimo antigo.

Estamos desobrigados de nossa responsabilidade para com a Comunidade-Igreja? Claro que não! O Novo Testamento vem carregado de testemunhos, de atitudes de partilha e de doação. Os Atos dos Apóstolos já no início nos apontam a direção da caridade dos primeiros cristãos: partilhavam, tinham tudo em comum e, o mais belo, ninguém passava necessidades.

O Novo Testamento não fala do DÍZIMO, mas sim da PARTILHA! É um passo largo na compreensão do compromisso da caridade. É COPARTICIPAÇÃO RESPONSÁVEL NA COMUNIDADE (Partilha). Ele toma o sentido profundo da MISERICÓRDIA, pois ir ao encontro dos irmãos e de suas necessidades é ser misericordioso. Foi isso que Jesus fez.

A **partilha** é constante no Novo Testamento:

Lc 10,7 - Ao enviar os discípulos em atividade apostólica, Jesus diz que eles têm o direito de serem sustentados por aqueles a quem anunciam o Reino.

At 5,1ss - Retratam uma Comunidade primitiva, vivendo na comunhão. Opor-se a isso é cair na ruína.

2Cor 8,1-9.15 - Paulo organiza uma grande coleta em favor da Comunidade-mãe de Jerusalém.

Gl 6,6 - O catecúmeno reparta todos seus bens com aquele que o catequiza.

Fl 4,10-18 - Dá pessoalmente luminoso exemplo, mas aceita auxílios e deixa claro que viva do Evangelho quem a ele se dedica intensamente.

Poderíamos citar inumeráveis exemplos, mas esses já podem nos mostrar o quanto é importante a PARTILHA dos bens e dos dons na Comunidade. Tudo está voltado para o Reino de Deus. Jamais para a edificação pessoal deste ou daquele. Tudo ocorre para que a caridade e a misericórdia estejam em primeiro lugar. É preciso partilhar sim, pois não é o *muito* que nos deixa pobres, nem é o *pouco* que nos torna mesquinhos. **Partilhar** é tomar parte no todo da Comunidade, o que torna fecunda a caridade entre os irmãos.

"Missionário da Partilha": com o Dízimo aprendemos a amar a Deus e ao outro! Ele nos dá muito, e, quando partilhamos, percebemos o muito que recebemos dele. Trabalhar a favor da PARTILHA e contribuir com ela nos traz a alegria de servir, que ninguém pode "roubar" de nós.

Ao **CONTRIBUIR** com o DÍZIMO, **descobrimos a alegria de servir!**

4
MARIA: Exemplo de amor e de vida doada!

"Seus filhos se erguem para proclamá-la bem-aventurada. Ela se levanta antes da aurora para dar o alimento a cada um."
(Pr 31,28.15)

Maria, que a plena gratidão para com Deus, inspira-nos na missionariedade do Dízimo.

Ela, a bem-aventurada, acolheu sua vontade, desfez seus planos e abraçou fielmente o mistério da encarnação do Filho de Deus. Quando pensamos nela e a contemplamos, reconhecemos a imagem perfeita de discípula-missionária. Suas atitudes nos tocam profundamente e nos interrogam, pois ela fez tudo conforme a vontade divina; e nós nem sempre assim o fazemos.

Ela pede que façamos como Jesus fez e o que Ele fez, pois assim estaremos à escuta das pessoas, de suas angústias e incertezas, ao lado da Comunidade, que caminha em meio às inseguranças e esperança.

Certamente teremos muita alegria se nos inspirarmos no jeito de Maria para nossa ação missionária. O trabalho pastoral do Dízimo, antes de tudo, é missionário, apostólico. Já vimos quantas implicâncias ou pertinências importantes têm essa Pastoral.

Basta olharmos, com um pouco mais de calma e profundidade, e saberemos reconhecer tantos gestos marianos em nossa Comunidade, verdadeiros dizimistas que a ajudam progredir na fé, portanto no Reino de Deus. São casais que assumem Ministérios, são Jovens que buscam o Senhor com sinceridade, estão presentes e rejuvenescendo a Comunidade, são Catequistas que anos a fio estão aí na Comunidade, fazendo o bem... A lista é grande, e é melhor que seja mesmo, pois isso significa que há muita gente trabalhando.

É justo reservarmos, dentro da reflexão do Dízimo, um momento com Maria, pois ela é modelo, protótipo de Evangelho. Sua preocupação foi com a causa do Reino, e estar ao lado de seu Filho sem cessar significa essa participação e presença constante na causa desse Reino. A visita à casa de Isabel ou sua presença e interjeição na festa de casamento em Caná da Galileia mostram sua atitude atenta às necessidades das pessoas e da Comunidade. Aqui é a fé misturada com a vida, a vida misturada com a fé. Cristo nos ensinou vivê-la dentro da realidade histórica que nos cerca. Querer uma Igreja que seja pomposa, triunfante no mundo é estar vivendo fora do desejo de Cristo. Ele foi ao encontro das pessoas, tocou nos doentes e pecadores, leprosos, mesmo que dissessem a Ele que isso "o deixaria impuro". A preocupação de Jesus foi com a pessoa, com seu bem, com a libertação e salvação. Desse mesmo modo agiu Maria.

Por isso não pode haver nenhuma novidade para o cristão praticar o bem. Se ficarmos a admirar ao ver um cristão praticando o bem, é melhor perguntarmos a nós mesmos o tamanho de nossa fé, de nossas atitudes cristãs. Interessante que, quanto mais nos aproximamos de Maria, mais nos aproximamos da pessoa de Cristo e de seu Evangelho. Por isso ela é, de fato, caminho que nos conduz a Jesus.

Deixemos, pois, Maria tomar parte em nossa "Pastoral do Dízimo"! Que ela nos dê a graça de sermos verdadeiramente **"Missionários da Partilha"**. Com ela conquistamos a alegria e a pertença ao Reino de Cristo.

— Graças vos damos, ó Mãe, por irdes pressurosa à montanha para ajudar a Isabel, **caminhando muitos quilômetros só para servir e amar!** Graças por entrares nas casas das pessoas e, principalmente, em seus corações, **estendendo vossas mãos para acolher, afagar e ajudar!** Graças, ó Mãe, pois sabeis compreender a mãe entristecida por não mais poder ajudar **o filho que sofre, o que está doente e aquele que está para chegar!** Obrigado, Mãe, por serdes nosso amparo materno de cada dia, **e em todos os dias de nossa vida. Amém.**

ORAÇÃO

Ó Mãe de Jesus e nossa Mãe, nós vos amamos e reservamos, em nossa vida, um lugar especial para vós, pois sois nosso exemplo de amor a Deus e de cumprimento de sua vontade. Iluminai nossa inteligência, ó Mãe, para que tenhamos atitudes nobres e sempre de acordo com o ensinamento de Cristo. Iluminai nossa vontade, para que jamais nos desviemos do caminho do céu. Amém.

Conclusão
QUERO ESTAR SEMPRE COM DEUS...

Ao encerrar essa proposta de Espiritualidade do **"Missionário da Partilha"**, elenco alguns pontos que julgo bastante importantes para a vivência missionária e que ajudam a sustentar ou perseverar na missionariedade eclesial. Sim, eclesial, pois ninguém é profeta sozinho. Vejamos, pois, o que pode nos sustentar na Espiritualidade:

RELAÇÃO COM DEUS — O trabalho missionário é extremamente compensador, pois, ao trabalhar como "Missionário da Partilha", estamos mergulhando no espírito do Evangelho e ao lado de nossa Comunidade. São valores irrevogáveis. Nessa atitude, além do amor com Deus e com os irmãos, alegramo-nos por trabalhar a favor da vida, pois é assim que a Paróquia-Diocese vai fazer acontecer com os recursos do dízimo.

Não fomos nós que escolhemos esse trabalho, foi o próprio Deus que nos chamou, e que a Ele respondemos com generosidade. Aliás, o tamanho de nossa generosidade é o tamanho de nosso amor para com Deus.

RELAÇÃO HUMANA – O trabalho missionário é, em primeira face, humano, pois nos conduz à união das pessoas na Comunidade. Sentirmo-nos pertencentes à Comunidade é extremamente fundamental em nossos dias, tão marcados pelo anonimato. Na Comunidade, nós nos sentimos gente, amados, respeitados e podemos participar com toda a liberdade. Essa consciência é necessária em cada **"Missionário da Partilha"**. Exaltar o humano é importante, pois foi o Senhor mesmo que nos fez humanos e deseja e espera que sejamos santos também. Por isso a dimensão humana não pode jamais ficar esquecida em nossa missionariedade. Isso não é simplesmente humanismo, é exatamente respeito para com a criação divina, que nos fez humanos e divinos, a sua imagem e semelhança.

RELAÇÃO COM A IGREJA – A Igreja é sacramento do Reino de Deus. Quando nos reunimos em Comunidade, somos Igreja. Quando nos voltamos para a solidariedade, para a fraternidade e a caridade, somos Igreja. Quando o **"Missionário da Partilha"** sai a campo, ou seja, parte para a missão, para se encontrar com as pessoas, para esclarecê-las sobre pontos importantes da Comunidade, somos Igreja, e tudo o que se realiza, por meio dela, torna-se a presença misteriosa e viva do Reino de Deus, aqui e agora. A Igreja somos nós, por isso, como parte desse Corpo de Cristo, caminhamos na unidade. O corpo tem sua harmonia, por isso deve ser cuidado. Um membro que não esteja bem já traz dificuldade para todo o corpo. A história assim se realiza! Por meio de uma dialética, mas iluminados pela graça de Deus, saberemos sempre escolher o caminho certo, o melhor caminho.

RELAÇÃO COM O FUTURO – Conscientes de que "somos servos inúteis, só fizemos nossa obrigação" – Lc 17,10 –, realizamos o que Deus nos confiou com empenho, alegria e dedicação. Se não for com dedicação ou "com boa vontade", é melhor não fazermos, pois acontecerá o "mais ou menos", e isso não é do agrado de Deus. A Ele pertence o futuro, mas a nós pertence realizar o agora, contando com Ele, para que o futuro se realize. Se não houver o empenho agora, também não haverá futuro. É nesse empenho contínuo que conseguimos realizar o bem-querer de Deus sobre nós e sobre o mundo.

Não deixe de contar sem cessar com a presença de Deus. Ele é incansável em seu amor, por isso jamais nos abandona. Confie nele e tudo faça por Ele, por causa dele e nele, caro **"Missionário da Partilha"**. Deus o ajude!

ORAÇÃO DO DIZIMISTA

Pai santo, contemplando Jesus Cristo, vosso Filho bem-amado, que se entregou por nós na cruz, e tocado pelo amor que o Espírito Santo derrama em nós, manifesto, com esta contribuição, minha pertença à Igreja, solidário com sua missão e com os mais necessitados. De todo o coração, ó Pai, contribuo com o que posso: recebei, ó Senhor. Amém.

Este livro foi composto com as famílias tipográficas Source Sans Pro e Maiandra GD
e impresso em papel Offset 70g/m² pela Gráfica Santuário.